AF311269

# RECUEIL

## DE RECETTES ÉPROUVÉES

UTILES

A TOUTES LES CLASSES DE LA SOCIÉTÉ.

PROPRIÉTAIRES, CULTIVATEURS & OUVRIERS, Y TROUVERONT ÉGALEMENT DES CONNAISSANCES QU'ILS POURRONT UTILISER SELON LEURS BESOINS.

**Par M. HERMANGE,** de Fercé.

PRIX DU LIVRE : 1 Fr.

1853.

# RECETTES.

—

1<sup>re</sup>

## Manière de remettre les vieux meubles à neuf.

Prenez 250 grammes de térébenthine et 125 gram-
de cire jaune rapée par petit morceaux , mettez
fondre le tout ensemble , ajoutez-y 64 grammes de
potasse et 16 grammes d'orseille ; remuez le tout
ensemble , sur un feu d'une moyenne chaleur , laissez
refroidir , étendez-en sur la partie que vous voulez
vernir , frottez fort avec un morceau d'étoffe de
laine, essuyez avec un linge et vous obtiendrez le
poli le plus brillant que vous puissiez désirer.

2<sup>e</sup>.

## Pour argenter le cuivre et le mettre aussi beau que l'argent poli.

Prenez 32 grammes d'eau forte , brisez par petits
morceaux une pièce de deux sous , mettez-la dans
un flacon avec l'eau forte , mettez-le flacon sur
des cendres chaudes, remuez-le de temps à autre,
ayez soin de ne pas le boucher trop hermétique-
ment afin que la vapeur puisse sortir facilement,
laissez le froidir ; prenez un peu de crème de
tartre, mettez-en sur le bout d'un bouchon de
liège , arrosez le bout du bouchon avec la dite
composition , frottez votre cuivre avec , et il de-
viendra aussi brillant que l'argent le mieux poli.

### 3ᵉ.

## Pour faire la véritable Pâte dite de Pra-diez qui a la propriété de faire couper les instruments tranchants.

Prenez 15 grammes d'ardoise, mettez-la en poudre, 15 grammes d'os brûlé, 15 grammes de verre pulvérisé, lorsque le tout sera bien tamisé avec un tamis le plus fin, vous les ferez fondre avec 60 grammes de suif ; pour s'en servir on en étend sur un cuir, sur un morceau de bois doux et bien poli.

### 4ᵉ.

## Pour coller les objets cassés.

Prenez 10 grammes de colle forte, 10 grammes de gomme Laque, 10 grammes de gomme Gutte et 10 grammes de gomme Arabique, mettez fondre le tout, ajoutez y 20 grammes de miel sur un feu très ardent.

Lorsque vous voudrez vous en servir, vous ferez chauffer les deux morceaux que vous voudrez coller, vous les imbiberez de la dite colle, vous les rapprocherez ensemble et ils tiendront aussi bien que s'ils n'eussent jamais été cassés,

### 5ᵉ.

## Pour blanchir le fil et les toiles en trés peu de temps.

Faites bouillir par 15 litres d'eau, 250 grammes de sel de soude, vous tremperez votre fil ou vos toiles dedans, vous les laisserez bouillir pendant une heure et demie, lavez en suite votre fil ou votre toile dans l'eau froide, recommencez une seconde fois si la première n'est pas suffisante.

### 6ᵉ.

## Pour bien dégraisser les laines.

Prenez 250 grammes de potasse d'Amérique, faites la bouillir dans deux litres d'eau ; trempez vos

laines dedans , ensuite lavez-les à l'eau froide , **vos**
laines deviendront blanches comme de la neige.

7<sup>e</sup>.

## Pour bien blanchir le linge dans la lessive

Lorsque votre lessive est à moitié coulée ajoutez
y deux livres de sel de cuisine ; ensuite versez votre lessive , et toutes les taches de votre linge au-
ront disparu et il sera très blanc , ce procédé remplace avantageusement la chaux et la potasse.

8<sup>e</sup>.

POUR NETTOYER LE FER , LA FONTE ET L'ACIER ET LES

RENDRE AUSSI BRILLANTS QUE L'ARGENT.

Prenez 30 grammes de brique et mettez-la en
poudre, 30 grammes d'ardoise en poudre , 30 gram-
de limaille de fer, mettez le tout dans 30 grammes
de suif fondu, laissez froidir , et servez vous en
pour frotter avec un peu de vinaigre.

9<sup>e</sup>.

POUR GUÉRIR LES VERRUES DES MAINS.

Ayez soin de les faire saigner un peu , prenez
un peu d'ammoniac liquide, faites-en tomber une
goutte dessus , recommencez une ou deux fois et vos
verrues disparaîtront.

10<sup>e</sup>.

REMÉDE POUR FAIRE DISPARAÎTRE LES ENGELURES EN PEU

DE TEMPS.

Prenez trente grammes de moelle de bœuf, 15
grammes d'huile de lin, 30 grammes de beurre
frais, faites fondre le tout ensemble et ajoutez-y 30
grammes d'os brûlés, vous remuerez le tout ensem-

ble ; ceci formera un onguent, vous en frotterez vos engelures et elles disparaîtront en peu de temps,

### 11ᵉ.



POUR FAIRE DISPARAÎTRE LES TACHES DE ROUX ET LES BOUTONS QUI VIENNENT SUR LA PEAU.

Prenez 15 grammes de farine de blé de Turquie, 15 grammes d'huile d'amande douce, 12 grammes d'essence de Citron, faites fondre le tout ensemble et lorsque ce sera réduit en pâte, vous vous en servirez pour laver comme de savon, vos rousseurs disparaîtront en quelques jours.

### 12ᵉ.

**Pour prendre les poissons à la ligne.**

Prenez 15 grammes de mouche cantharide, 15 grammes d'huile d'aspic, 15 grammes d'huile d'amande amère, mettez le tout dans un vase, ayez soin de bien le boucher, servez-vous en 24 heures après.

On trempe l'appât dans cette composition, quelques personnes ajoutent à cette composition de la tourte de noix, de la farine de froment et de la térébenthine à proportion des autres ingrédients.

### 13ᵉ.

**Manière de rendre un cheval très-vigoureux quelque vieux qu'il soit.**

Prenez 15 grammes de poivre cubèbe que vous mêlerez avec une assez grande quantité de son, ayez soin de lui faire sentir le fouet avant de le sortir de l'écurie, donnez-lui un picotin une heure après cette dose, mettez votre cheval en foire et il sera un des plus vigoureux.

### 14ᵉ.

**Manière de faire une boisson très-rafraichissante et très-agréable au goût.**

Prenez 45 grammes de coriandre, 15 grammes de

fleur de violette, 500 grammes de sucre ordinaire, 15 grammes de fleur de sureau, vous mettrez le tout dans 50 litres d'eau, en ayant bien soin de remuer cela de temps à autre et avoir soin de bien recouvrir le vase qui le maintiendra, et au bout de huit jours de fermentation vous pourriez le mettre en bouteilles, et 15 jours après vous pourriez vous en servir au besoin, ce qui vous procurera une bonne boisson.

### 15e.

### Cirage pour l'entretien des harnais.

Prenez une bouteille de vin rouge, 125 grammes de noir d'ivoire, 60 grammes de mélasse, 15 grammes de sucre candi, 15 grammes de gomme arabique dissoute dans un peu d'eau chaude, 50 grammes d'huile d'olive, vous remuerez bien le tout ensemble, ensuite vous y ajouterez 10 grammes de sel fumant, 10 grammes de sel muriatique, 10 grammes d'esprit de vin, 15 grammes de vitriol. On s'en sert en étendant sur une brosse.

### 16e.

### Cirage pour la chaussure.

500 grammes mélasse, 1,000 grammes de noir d'ivoire, 15 grammes d'indigo, 64 grammes d'huile de lin, 15 grammes d'essence de térébenthine. 15 grammes de vitriol.

### 17e.

### Cirage imperméable pour la chaussure qui en prolonge la durée.

Faites fondre ensemble une pinte d'huile sans goût, 60 grammes de cire jaune, 60 grammes de térébenthine et 15 grammes de poix grasse de Bourgogne; frottez vos souliers à quelque distance du feu avec cette composition et recommencez aussi souvent que la chaussure sèchera.

### 18e.

### Manière de composer le savon pour la barbe.

Prenez 500 grammes de chaux vive que vous ferez

dissoudre dans un demi-litre d'eau, 250 grammes de sel de soude, 250 grammes de suif blanc que vous ferez fondre en y ajoutant 125 grammes d'huile de noix ; vous mêlerez le tout ensemble, vous le battrez bien en y ajoutant les essences que vous désirez.

### 19e.

### Savon économique pour le linge.

Prenez 1,000 grammes de chaux vive, 500 grammes de potasse, 1,000 grammes de suif ; vous ferez dissoudre le tout sur un feu très-doux en y mettant un demi-litre d'eau, vous aurez soin de bien battre le tout ensemble en y ajoutant 250 grammes de terre glaise.

### 20e.

### Moyen pour détruire les punaises.

Prenez 60 grammes de souffre en y ajoutant 6 blancs-d'œufs, 50 grammes de mercure ; battez le tout ensemble, ajoutez y 50 grammes d'essence de térébenthine et frottez les endroits où seront les punaises.

### 21e.

### Pour empêcher les teignes de ronger le linge.

Prenez de l'écorce de citron, mettez-la tremper dans du vinaigre pendant 24 heures , vous en mettrez quelques morceaux sur les objets que vous voudrez préserver.

### 22e.

### Art vétérinaire, vices Redhibitoires.

Sont reputés vices Redhibitoires pour le cheval, l'âne et le mulet, la fluxion périodique des yeux, l'épilepsie ou mal caduc, la morve, le farcin, la maladie ancienne de poitrine, ou les vieilles courbatures, l'immobilité, la pousse, le carnage chronique, le tic sans usure des dents, les hernies inguinales intermittentes, la boiterie intermittente pour cause de vieux mal.

23e.

## Le cheval, principales maladies.

Abcès.— *Collection de matière purulente dans le tissu de la chair ou d'autres parties du corps.*

TRAITEMENT : Saignées, sétons ou vésicatoires pour le faire avorter, si la supression est nécessaire ou si l'abcès est mûr, on hâte la terminaison par des cataplasmes emollients de graines de lin, de mie de pain, de mauve bouillie, et des lotions d'eau tièdes, emplâtre d'onguent Basilicum ; quand le pus est évacué, on panse avec un plumasseau de charpie enduit d'onguent populeum.

24e.

Contusion. — *Blessures produites par les chutes, par le choc violent d'un corps dur, ou une oppression forte et prolongée.*

TRAITEMENT CONTRE LA CONTUSION ; Il faut user selon le cas, d'émollients, de spiritueux, ou d'aromatiques et du repos à la partie lésée.

25e.

## Effort de boulet, de reins et du jarret.

TRAITEMENT : Repos indispensable et fomentations toniques spiritueuses ou aromatiques sur la partie lésée, s'il y a tumeur on emploie des résolutifs, le séton, la cautérisation,

26e.

## Secret pour arrêter la pousse des chevaux.

Après les avoir purgés, si les chevaux ne sont pas gros d'haleine, ce qui suffit, il faut mêler dans leur avoine pendant treize jours, soir et matin, une demi-bouteille de lait tiède, une poignée de graine de lin concassée ; cette graine est fort bonne pour cela, les marchands s'en servent pour donner à leurs chevaux.

## 27ᵉ.

ATEINTE. PLAIE HORIZONTALE OU TUMEUR SUR LE TALON OU LE BOULET PRODUITE PAR LA CONTUSION DU FER D'UN DES PIEDS OU DE CELUI D'UN AUTRE CHEVAL.

TRAITEMENT : On taille la corne, ou l'on fait abattre du pied principalement au talon, on panse avec de la charpie enduite d'onguent populeum, ensuite on entoure de quelques bandes.

## 28ᵉ.

ECORCHURES, EMBARRURES, ENCHEVÊTRURES, ENTAMURES.

TRAITEMENT : Raser la partie malade et la frotter avec de l'onguent populeum.

## 29ᵉ.

GALE. ERUPTION PUSTULEUSE A LA SURFACE DE LA PEAU.

TRAITEMENT : Tenir l'animal dans une température chaude et douce et frotter les parties atteintes avec des lotions émollientes : administrer des boissons délayantes, des lavements émollients, puis l'application de l'onguent mercuriel ou de l'onguent Citrin sur toutes les parties affectées après la guérison des pustules, sétons ou cautères.

## 30ᵉ.

PIQURE, BLESSURE FAITES AUX PIEDS DES CHEVAUX PAR LA FERRURE OU LES CLOUS QUI LA RETIENNENT.

TRAITEMENT : Enlever la ferrure ou le clou, et s'il y a formation de matière purulente, ouvrir l'abcès et panser avec des bourdonnets de charpie imbibés d'essence de térébenthine.

## 31ᵉ.

PISSEMENT DE SANG.

TRAITEMENT : Saignée, lavement émollient ou nitré, breuvage mucilagineux.

## 32°.

### TRANCHÉE ET COLIQUE DES ANIMAUX DOMESTIQUES.

Pliez un drap en quatre, plongez-le dans une chaudière d'eau bouillante, mettez-le sur l'animal, couvrez-le ensuite d'une couverture de laine , l'animal est sauvé.

## 33e.

### POUR LES COLIQUES DES CHEVAUX.

Prenez 60 grammes d'ail que vous pilerez bien, ajoutez-y 125 grammes de beurre frais que vous ferez fondre avant que d'y mettre l'ail, laissez cuire le tout ensemble, lorsqu'il sera chaud, vous frotterez les testicules du cheval et le bord du fondement, vous lui humecterez en même temps la bouche avec du vinaigre, si c'est une jument vous lui frotterez les bords de la matrice, on les fait trotter un peu étant bien couverts d'une couverture.

## 34°.

### TRAITEMENT DES CHEVAUX ATTEINTS DE LA MORVE.

La morve invétérée ayant jusqu'ici résisté à tous les moyens employés pour la guérir, le sacrifice des chevaux qui en sont atteints, est indispensable ; pour peu que l'on hésite à s'y résoudre, le fléau s'étend et fait d'affreux ravages.

Il existe cependant contre la morve deux traitements dont le succès a été constaté par des hommes dignes de foi et qui peuvent être pratiqués au commencement de la maladie et même lorsqu'elle est décidée.

Le premier consiste à mettre le cheval morveux à la diète et à le saigner, à lui donner quelques lavements, à lui faire par les naseaux quelques injections avec la décoction de plantes adoucissantes et relàchantes, telles que la Mauve, la Guimauve, le Bouillon blanc, la Pariétaire, la Camomille, le Sureau ; l'effet de ce remède est de détendre les vaisseaux, de donner plus de souplesse à la circulation, de tempérer le mouvement du sang et de l'empêcher de se porter avec trop d'impétuosité sur la partie malade.

Le second annoncé dans la feuille du Cultivateur en 1795, a été confirmé par MM. Huzard et Albert; sur cent chevaux employés aux forges de M. Roussigneux, vingt étaient atteints de la morve; il en abandonna, comme désespérés, deux qui jettaient un pus sanguinolent et fit placer les dix-huit autres dans une écurie isolée. Tous les matins, il leur administrait à jeun une pinte d'eau tenant en dissolution 20 grains de soufre; pendant les huit premiers jours du traitement on leur donna du son et de la farine d'orge, en place d'avoine, et on les laissa reposer; ensuite on les remit à l'avoine et à un travail modéré : les dix-huit chevaux furent tous guéris par l'usage de cette eau minérale artificielle en trois ou quatre mois, à l'exception d'un seul, dont la cure dura un an, et qui était employé à un travail pénible.

M. Albert ajouta au traitement des fumigations, c'est-à-dire qu'il enveloppait la tête du cheval, et la tenait assujettie sur un réchaud où l'on faisait brûler de la bouse de vache.

35<sup>e</sup>.

MESURE A PRENDRE A L'ÉGARD DES CHEVAUX QUE L'ON SOUPÇONNE ATTEINTS DE LA MORVE.

Les chevaux que l'on soupçonne morveux, donnent déjà quelques indices de la maladie, ou bien on a quelques raisons de croire qu'ils en portent le germe. Dans les deux cas, il faut les séparer, et les tenir dans des écuries particulières. On s'empresse de passer à ceux qui offrent quelques signes de morve un séton au bas du poitrail, entre les deux jambes; on leur fait prendre aussi des fumigations de mauve: à cet effet on met des mauves bouillies dans un sac que l'on attache à la tête du cheval, de manière que le nez ne puisse toucher aux fleurs qui le brûleraient. On tient pendant quelque temps ces chevaux au régime, à l'eau blanche; on leur donne des aliments de la meilleure qualité ; on les promène doucement, on les étrille et on les bouchonne plusieurs fois par jour, pour rétablir la transpiration que cette maladie suspend toujours plus ou moins.

On tient la même conduite à l'égard des chevaux **qui** ne donnent pas encore d'indice de morve, à l'exception du séton qu'on n'établit qu'autant qu'on aperçoit des signes de maladie, mais qu'on s'empresse de placer aussitôt qu'il en paraît.

On donne du miel aux chevaux atteints de la toux, et l'on fait à l'aide d'une seringue de fréquentes injections d'eau légèrement vinaigrée dans les narines de ceux dont la membrane présente quelques signes d'inflammation. Si les glandes de la ganache sont tuméfiées, on les baigne fréquemment dans de l'eau tiède ; on les couvre d'un cataplasme de mauve, de séneçon et de feuilles de violettes, ou de mie de pain, ou de farine de seigle, qu'on maintient avec une peau de mouton dont la laine est tournée en dedans.

36e.

### Recette employée avec succès pour guérir le charbon.

Ayez de la pierre infernale réduite en poudre, couvrez-en la tumeur, appliquez par dessus une feuille légère de plomb pour retenir la poudre sans comprimer le mal, et assujettissez-la avec une ligature ; après dix à douze jours, lorsque l'inflammation ne fait plus de progrès, levez le premier appareil, et mettez sur les boutons un emplâtre de l'espèce de ceux dont on se sert pour attirer l'escarre.

Dès qu'on y est parvenu et que la suppuration est bien établie, traitez le mal comme une plaie ordinaire, sans jamais faire usage de la saignée.

37e.

### Autre traitement.

Un curé de campagne pour guérir le même mal, commençait par couper les phlyctènes qui se lèvent ordinairement sur la surface du mal, lavait ensuite bien le charbon avec de l'eau fraîche, après quoi il appliquait un emplâtre de thériaque fin étendu sur du papier gris neuf, et mettait par-dessus, le plus chaudement possible, le cataplasme suivant : prenez deux poignées de la plante appelée vavelle ou berle, et une poignée de l'ellébore pied de griffon, faites bouillir ces herbes dans une quantité suffisante de petit lait, et lorsqu'elles seront bien cuites, vous y ajouterez 90 grammes de saindoux, si l'ellébore est dur on commencera par le cuire le premier, et l'on y mettra ensuite la berle pour qu'elle cuise en même temps.

On frottera le mal et ses bords avec le cataplasme chaud, on en appliquera suivant l'usage ordinaire en le réchauffant toutes les trois à quatre heures, et en y ajoutant du saindoux pour l'entretenir onctueux, on continuera ce topique jusqu'à ce que le charbon devienne blanc. Alors on prendra 30 grammes de térébenthine qu'on lavera avec de l'eau, et on y mêlera un jaune d'œuf pour en imbiber une charpie qu'on appliquera trois ou quatre fois par jour, jusqu'à parfaite suppuration et par-dessus une couche de fromage blanc mou; si la partie est douloureuse et enflammée, il faut se servir d'un cataplasme de mie de pain cuite dans du vin.

L'on coupera soigneusement les peaux et chairs mortes.

Les personnes qui feront les pansements aux animaux atteints de la morve et du charbon, devront avoir la précaution de se laver dans de bon vinaigre après les pansements.

38e.

### Moyen de faire passer un suros ou exostôse a un animal.

Prenez un litre de bon vinaigre, sept œufs frais, 125 grammes de sel de cuisine que vous ferez rôtir sur une pelle, 80 grammes de brique rouge que vous aurez réduite en poudre et bien tamisée ; vous mettrez les œufs avec leur coques dans un pot avec le vinaigre et les laisserez pendant 24 heures, les derniers moments il faudra souvent agiter votre mélange afin que les œufs se trouve bien dissous.

Après quoi vous y ajouterez le sel et la brique en poudre que vous laisserez fermenter quelques heures, ayant soin de mouver le tout de temps à autre.

Avec cette composition vous laverez bien le mal deux fois le jour et toujours à la même heure ; chaque fois que vous voudrez vous en servir vous aurez soin de bien le remuer.

Souvent la quantité de cette composition se trouve épuisée avant que le mal soit guéri, en pareil cas on recommence le remède et on est toujours sûr de réussir à moins que la carie de l'os existerait.

39<sup>e</sup>.

### Remède infaillible contre les panaris.

Prenez un œuf frais que vous casserez et séparez le jaune d'avec le blanc ; vous mettrez du sel de cuisine dans la coque d'œuf que vous ferez griller au feu, 30 grammes de couperose blanche que vous broyerez avec le sel et la coque d'œuf, après quoi vous en ferez un mélange avec le jaune d'œuf. Si le jaune d'œuf ne suffisait pas pour former une pâte d'une bonne consistance pour former un cataplasme, vous y ajouteriez un peu de blanc d'œuf ; cela fait, vous l'étendez sur de la filasse que vous appliquez sur le mal en l'assujettissant bien avec un linge ; et le laisserez 24 heures sur le mal.

On peut recommencer l'opération si la première ne suffisait pas. Ce remède n'a jamais manqué son effet, pourvu qu'il soit administré 30 heures après l'attaque du mal ; mais après ce temps il n'y a pas beaucoup de chance pour obtenir la guérison.

40<sup>e</sup>.

### Pour nettoyer l'or, l'argent et le cuivre à la minute.

30 grammes acide autique, 8 grammes acide de

sucre, 30 grammes acide sulfurique ; le jus d'un demi citron.

On met le tout dans un litre d'eau avec une couple de pincées de tripoli, il suffit d'en passer avec un linge sur l'objet à nettoyer ; aussitôt qu'il est sec , on le frotte avec de la peau de chamois. on repète cette opération plusieurs fois suivant le besoin.

41ᵉ.

### Trempe à la minute.

On prend du prussiate de potasse qu'on a soin de piler, on fait chauffer un peu le fer, on le sort du feu, on jette un peu de cette poudre pour couvrir la partie du fer que l'on veut tremper ; on le remet au feu un instant, on le retire et on poudre une seconde fois ; on le fait chauffer comme pour tremper l'acier et on trempe dans l'eau. Si l'on veut une trempe moins dure, on ne poudre qu'une seule fois. Cette manière de tremper le fer est très-avantageuse pour les outils. tels que hache et poinçon pour marquer le bois, emporte-pièce ; elle remplace avantageusement la trempe en paquet.

42ᵉ.

### Nouvelle trempe du fer qui le rend dur comme de l'acier.

30 grammes de prussiate de potasse. 8 grammes de sel ammoniac et 15 grammes d'os brûlé blanc, on broie le tout séparément, il suffit quand le fer est rouge de prendre de cette poudre et de la passer au tampon , puis de remettre au feu et de plonger dans l'eau fraîche. On repète cette opération plusieurs fois afin de rendre le fer plus dur. L'eau dans laquelle on a trempé se conserve, plus elle vieillit, meilleure elle devient.

43ᵉ.

AUTRE MANIÈRE.

Prenez 2 litres d'eau de puits, 60 grammes de cristal de soude, battez-les bien ensemble, ajoutez-y une livre de bière que vous battrez également avec la préparation, mettez-y un verre de bon vinaigre et vous remuerez bien le tout, vous y tremperez votre fer chaud ; vous le mettrez ensuite au feu jusqu'à ce qu'il soit rouge, vous le tremperez ensuite lorsqu'il sera demi froid et vous obtiendrez le même grain que l'acier pur.

## 44e.

### TREMPER LES PIÈCES SANS QU'ELLES VOILENT.

On les trempe dans l'eau tiède, ou on a mis dessus autant d'huile que l'épaisseur de la pièce à tremper, ayant attaché sur un croisillon avec un fil de fer, ou toutes autres formes de support, suivant la pièce à tremper, on fait rougir le tout et on plonge la pièce horizontalement dans l'eau.

## 45e.

### POUR OTER PROMPTEMENT LA ROUILLE DU FER.

Il suffit de frotter avec un linge mouillé d'huile de tartre.

## 46e.

### POUR TREMPER LES OUTILS A TRAVAILLER LE MARBRE.

Quand on leur a donné la forme voulue on les fait rougir et on les trempe dans le vinaigre, ou l'on fait bouillir de la suie et de la cendre d'os brûlé et du prussiate de potasse, quand le fer est rouge cerise on passe du suif dessus avant de le tremper.

## 47e.

### POUR PRÉSERVER LE FER DE LA ROUILLE.

Faites chauffer le fer de manière qu'il ne jaunisse ni ne noircisse, vous le frotterez de cire blanche, mettez-le au feu pour faire pénétrer la cire et vous l'essuierez avec un morceau de laine et le fer ne rouillera plus.

## 48ᵉ.

### POUR METTRE LE FER AUSSI BEAU QUE L'ARGENT.

Quand on a limé ces pièces, on les fait chauffer rouge cerise et on les plonge dans l'eau ou l'on a mis du sel ammoniac en poudre mêlé avec autant de chaux vive, le tout bouilli cinquante minutes.

## 49ᵉ.

### POUR CONSERVER LE VIN.

Mettez de la seconde écorce de sureau (qui est verte) gros comme deux poings dans une chopine de bon esprit de vin. Laissez-la infuser pendant trois jours, passez votre esprit de vin dans un linge et versez-le dans un muid de vin, il se conservera pendant dix ans.

## 50ᵉ.

### POUR CLARIFIER LE VIN TOURNÉ.

Remplissez un sachet de copeaux menus de bois de hêtre, suspendez-le dans le tonneau, et retirez-le deux jours après.

## 51ᵉ.

### AUTREMENT.

Prenez huit livres de miel écumé et refroidi ; une livre d'alun de roche en poudre, autant de sucre rosat et une bouteille de bon vin, mettez-le tout dans le tonneau de vin remuez-le bien, laissez-le jusqu'au lendemain débouché, et il sera clair trois jours après.

## 52ᵉ.

### AUTRE MANIÈRE,

Pour clarifier le vin mettez quatre ou six seaux de mou suivant la contenance du tonneau et laissez-le bouillir pendant 15 jours, ayez soin de laisser un peu d'air à la bonde, après quoi vous tirerez au clair et laisserez le marc au fond de la pièce, ayez ensuite une futaille propre dans laquelle vous mettrez votre vin. Ce procédé n'a jamais manqué son effet ; avis aux propriétaires et aux vignerons.

### 53e.

#### POUR RÉTABLIR LE VIN GATÉ.

Faites bouillir un seau de bon vin et jetez-le bouillant dans le tonneau de vin gâté, bouchez bien ensuite le tonneau et 15 jours après il aura recouvré sa première qualité.

### 54e.

#### POUR COLLER UNE PIÈCE DE VIN.

Prenez 4 blancs d'œufs frais battez-les bien dans une demi bouteille de vin, mettez-le tout dans le tonneau et introduisez par la bonde un bâton fendu en quatre par le bas, remuez-le bien pendant quelques minutes en imprimant au vin un mouvement circulaire, fermez ensuite le tonneau et quatre jours après vous pouvez le tirer.

### 55e.

#### POUR EMPÊCHER QUE LE VIN ACHÈVE DE SE GATER.

Pulvérisez des pierres vives prises dans une eau courante pour la valeur de 100 grammes et 60 grammes de sel de cuisine bien pulvérisé, deux jaunes d'œufs frais mêlez le tout ensemble, mettez le vin dans un tonneau qui n'ait aucune odeur, jetez-y cette composition, remuez-le quatre à cinq fois le jour jusqu'au bout de cinq jours.

Ce procédé n'est bon qu'autant que le vin n'est pas tout-à-fait gâté.

### 56e.

#### POUR CORRIGER LE VIN AIGRE QUI A PRIS CE GOÛT DANS LE TONNEAU.

Il faut soutirer votre vin dans une futaille bieu

étuvée et qui ait bonne odeur, et mieux encore dans une autre ou il y ait eu de l'eau-de-vie : vous prenez 40 clous de girofle, pour 5 centimes de canne le, 10 centimes de coriandre, le tout concassé, environ une bonne cuillerée à bouche d'iris de Florence ; vous ferez infuser le tout dans un verre d'au-de-vie, près du feu et mettrez cette composition dans un tonneau d'une contenance de 100 litres, au bout de quinze à vingt jours le vin sera meilleur qu'il n'avait jamais été.

57<sup>e</sup>.

### RECETTE D'ENCRE NOIRE.

On prend une livre de noix de galles, six onces de couperose verte, six onces de gomme arabique et quatre pintes de bière ou d'eau de pluie, de rivière ou de fontaine ; on concasse la noix de galle dans un mortier, on la fait infuser pendant vingt-quatre heures sans bouillir, on y ajoute en même temps la gomme arabique qui s'y dissout ; enfin, on y met la couperose verte ou le vitriol vert réduit en poudre, la liqueur à l'instant devient noire, on passe ce mélange par un tamis de crin sur lequel restent les matières concassées et on obtient une encre qui est très-belle.

FIN.

Le Mans, Imp. de GALLIENNE. — 1855.

www.ingramcontent.com/pod-product-compliance
Ingram Content Group UK Ltd.
Pitfield, Milton Keynes, MK11 3LW, UK
UKHW021718090726
13657UKWH00005B/2323